美作の国
一宮のおはなし

横川知之 編著

大学教育出版

はじめに

昔《むかし》むかしの『今昔物語《こんじゃくものがたり》』には、美作《みまさか》の国《くに》、一宮《いちのみや》に関《かか》わりのあるお話《はなし》が載《の》っています。それが、この絵本《えほん》の『猿神退治《さるがみたいじ》』の出典《しゅってん》です。

ところで、「おはなし」を読《よ》むことのすばらしさは、それが、読《よ》む人《ひと》に、何《なに》の命令《めいれい》や強制《きょうせい》もしないことにあります。

それでも、「おはなし」を読《よ》んだ人《ひと》は、そこから何《なに》かを感《かん》じとり、いろいろ考《かんが》えます。それが、明日《あす》を豊《ゆた》かに生《い》きる糧《かて》になるのです。

「おはなし」の中《なか》の、分《わ》からないことや、疑問《ぎもん》に思《おも》ったことを、家族《かぞく》の人《ひと》や周《まわ》りにいる人《ひと》に、聞《き》いたり、話《はな》したりすれば、「おはなし」の輪《わ》が広《ひろ》がります。

「おはなし」の輪《わ》が広《ひろ》がれば、それが「なかよし」の始《はじ》まりです。

目次《もくじ》

中山神社伝説《なかやまじんじゃでんせつ》……3
猿神退治《さるがみたいじ》（共通語《きょうつうご》）……15
猿神退治《さるがみたいじ》（作州弁《さくしゅうべん》）……29
猿神退治《さるがみたいじ》（英語《えいご》）……1（後《うしろ》）

挿絵《さしえ》……井上《いのうえ》由紀子《ゆきこ》

中《なか》山《やま》神《じん》社《じや》伝《でん》説《せつ》

昔《むかし》むかし、美作《みまさか》の国《くに》に、白《しろ》い馬《うま》に乗《の》り、青木《あおき》の鞭《むち》を持《も》った、鏡作《かがみづく》りの神様《かみさま》が降《お》りて来《き》ました。神様《かみさま》は、自分《じぶん》が鎮座《ちんざ》する場所《ばしょ》を探《さが》していたのです。神様《かみさま》は、五月《ごがつ》の初《はじ》め、若葉《わかば》が美《うつく》しい英田郡《あいだぐん》の楢原《ならばら》の里《さと》に現《あらわ》れました。

ところで、この里《さと》には、東内《とうない》という、とても信心深《しんじんぶか》い男《おとこ》が住《す》んでいました。

そして、男《おとこ》は、神様《かみさま》の気高《けだか》い様子《ようす》に心《こころ》を打《う》たれ、あたり一円《いちえん》の美味《おい》しい果物《くだもの》や貢《みつ》ぎ物《もの》を集《あつ》めて差《さ》し出《だ》し、神様《かみさま》に仕《つか》えることにしました。

神様《かみさま》も、この男《おとこ》の心《こころ》のこもった持《も》てなしが気《き》に入《い》

り、楢原《ならばら》の里《さと》に二十日《はつか》ほど留《とど》まっていました。けれども、神様《かみさま》は、もっと 別《べつ》の場所《ばしょ》も探《さが》してみようと思《おも》いました。

そこで、この男《おとこ》に、美作《みまさか》の国《くに》の東《ひがし》半分《はんぶん》を治《おさ》めさせ、神様《かみさま》への貢《みつ》ぎ物《もの》や祭事《さいじ》を取《と》り仕切《しき》る役目《やくめ》を与《あた》えました。

そして神様《かみさま》は新《あら》たな場所《ばしょ》を求《もと》め、旅立《たびだ》っていきました。

次《つぎ》に、神様《かみさま》が 現《あらわ》れたのは、苫田郡《とまたぐん》の東《ひがし》の端《はし》を流《なが》れる「水無瀬河《みなせがわ》」の奥《おく》の、「泉水池《せんすいいけ》」の辺《あた》りでした。

そこは、昔《むかし》から近所《きんじょ》の農家《のうか》の子《こ》どもたちが、牛《うし》や馬《うま》を連《つ》れて放牧《ほうぼく》に集《あつ》まる場所《ばしょ》でした。

そこで、子《こ》どもたちが楽《たの》しく遊《あそ》んでいる様子《ようす》を見《み》た神様《かみさま》は、自分《じぶん》も子《こ》どもに姿《すがた》を変《か》えて、一緒《いっしょ》になって楽《たの》しく遊《あそ》びました。

ところが、遊《あそ》びに夢中《むちゅう》になっている内《うち》に、子《こ》どもたちが連《つ》れて来《き》ていた牛《うし》や馬《うま》が、いなくなってしまいました。子《こ》どもたちは大騒《おおさわ》ぎをはじめ、中《なか》には、泣《な》き出《だ》す子《こ》もいます。

その様子《ようす》を見《み》た神様《かみさま》は、急《いそ》いで近《ちか》くの小高《こだか》い丘《おか》(児呼坂《ちごのよぶさか》・於呂乢《おろがたわ》)に登《のぼ》り、懐《ふところ》から「呼《よ》び笛《ふえ》」を取《と》り出《だ》すと、「オロロン・オロロン」と、吹《ふ》き鳴《な》らしました。

すると、不思議《ふしぎ》なことに、それまで姿《すがた》が見《み》えなか

った牛《うし》や馬《うま》が、どこからともなく戻《もど》って来《き》たのです。

それから何日《なんにち》か、神様《かみさま》は、子《こ》どもたちと一緒《いっしょ》に楽《たの》しく遊《あそ》びました。

子《こ》どもたちが連《つ》れて来《く》る牛《うし》や馬《うま》も、すくすくと大《おお》きく育《そだ》っていきました。

それが、この地方《ちほう》で、牛《うし》や馬《うま》を大切《たいせつ》にする風習《ふうしゅう》として、今《いま》でも残《のこ》っているのです。

次《つぎ》に、神様《かみさま》は、老人《ろうじん》に姿《すがた》を変《か》えて「泉水池《せんすいいけ》」のほとりに現《あらわ》れました。弓《ゆみ》矢で遊《あそ》び、疲《つか》れたら近《ちか》くの石《いし》(水精石《すいしょうせき》・腰休石《こしやすめのいし》)に腰《こし》を掛《か》けて休《やす》みます。

時《とき》には、その石《いし》(託宣石《たくせんせき》)の上《うえ》に立《た》ち、出会《であ》う人《ひと》にお告《つ》げを伝《つた》えることもありました。そして、そのお告《つ》げを汚《けが》す者《もの》には、バチが当《あ》たったそうです。

やがて九月《くがつ》の下旬《げじゅん》になり、山々《やまやま》が美《うつく》しく紅葉《こうよう》し始《はじ》めました。すると、神様《かみさま》は田辺《たなべ》の里《さと》に現《あらわ》れ、「霧山《きりやま》」に入《はい》りました。

ところが、「霧山《きりやま》」で猟《りょう》をしていた有木《ありき》という男《おとこ》は、ふだん見《み》かけない、この「よそ者《もの》」を不審《ふしん》に思《おも》い、矢《や》を射《い》かけました。神様《かみさま》を狐《きつね》か狸《たぬき》の化身《けしん》に違《ちが》

いないと考《かんが》えたからです。

しかし、神様《かみさま》に矢《や》を放《はな》って敵《かな》うはずがなく、すぐに降参《こうさん》してしまいました。

すると、神様《かみさま》は、「私《わたくし》は、美作《みまさか》の国《くに》を治《おさ》めるためにやって来《き》た神《かみ》である」と、告《つ》げました。

やっと事情《じじょう》が分《わ》かった有木《ありき》は、心《こころ》の底《そこ》から神様《かみさま》に謝《あやま》りました。

それがあまりに潔《いさぎよ》かったので、神様《かみさま》は、男《おとこ》の無礼《ぶれい》を許《ゆる》してやることにしました。

そして、この男《おとこ》に、美作《みまさか》の国《くに》の西半分《にしはんぶん》を治《おさ》めさせ、神様《かみさま》への貢《みつ》ぎ物《もの》や祭事《さいじ》を取《と》り仕切《しき》る役目《やくめ》を与《あた》えました。

年《とし》も変《か》わり、四月《しがつ》の初《はじ》めになると、神様《かみさま》は、「霧山《きりやま》」を下《お》りることにしました。

神様《かみさま》は、谷川《たにがわ》に鵜《う》の羽《はね》を一《ひと》つ流《なが》すと、供《とも》の有木《ありき》に、この羽《はね》が引《ひ》っかかった場所《ばしょ》を、鎮座《ちんざ》する場所《ばしょ》にすると告《つ》げました。

そこで、有木《ありき》は、神事《しんじ》に従《したが》い、神様《かみさま》の食事《しょくじ》を作《つく》った鍋《なべ》を、霧山《きりやま》の淵《ふち》に沈《しず》めました。そこは、今《いま》でも「鍋淵《なべぶち》」として語《かた》り伝《つた》えられています。

それから、神様《かみさま》は、その羽《はね》を追《お》って「霧山《きりやま》」を下《くだ》っ

ていきました。

やがて、「霧山《きりやま》」の麓《ふもと》で鵜《う》の羽《はね》を見《み》つけた神様《かみさま》は、その横手《よこて》にある大《おお》きな石《いし》（神座石《ござのいし》）に腰《こし》を掛《か》け、その様子《ようす》を見《み》ていました。

しばらくすると、羽《はね》は、また流《なが》れはじめました。

次《つぎ》に羽《はね》が引《ひ》っかかったのは、田《た》んぼの横《よこ》にある瀬《せ》です。

神様《かみさま》は、そこでお昼《ひる》を食《た》べ、箸《はし》を側《そば》の小高《こだか》い丘《おか》（青木壇《あおきだん》）に突《つ》き刺《さ》しました。

その箸《はし》は、やがて大《おお》きな青木《あおき》の木《き》に成長《せいちょう》し、

後《のち》に、その場所《ばしょ》は、村人《むらびと》が豊作《ほうさく》を祈願《きがん》したり食事《しょくじ》や休憩《きゅうけい》をする、大切《たいせつ》な場所《ばしょ》になりました。

それから、羽《はね》は、ずっと下《しも》の方《ほう》へ流《なが》れて行《い》き、ついに「長良嶽《ながらだけ》」の麓《ふもと》の石《いし》（羽留石《はどめいし》）に流《なが》れ着《つ》きました。

神様《かみさま》が「霧山《きりやま》」から鵜《う》の羽《はね》を流《なが》したこの川《かわ》は、後《のち》に「鵜羽川《うのはがわ》」と名付《なづ》けられ、今《いま》でも近《ちか》くの人々《ひとびと》に親《した》しまれています。

このようにして神様《かみさま》の鎮座《ちんざ》する場所《ばしょ》が決《き》まりました。すると、供《とも》をしていた有木《ありき》は、国《くに》の東《ひがし》半分《はんぶん》を治《おさ》める東内《とうない》や、中山《なかやま》に住《す》む中島《なかしま》にも相談

して、その場所《ばしょ》に、宮柱《みやばしら》の太《ふと》くしっかりした神社《じんじゃ》を建《た》てることにしました。

そして、その年《とし》の八月《はちがつ》には、「鵜羽川《うのはがわ》」のほとりに仮宮《かりみや》ができ、それからしばらくして、今《いま》のような立派《りっぱ》な神社《じんじゃ》が完成《かんせい》したのです。

それから今日《こんにち》に至《いた》るまで、中山《なかやま》の神様《かみさま》は、この場所《ばしょ》に鎮座《ちんざ》していらっしゃいます。

猿《さる》神《がみ》退《たい》治《じ》

（共《きょう》通《つう》語《ご》）

昔《むかし》むかし、美作《みまさか》の中山《なかやま》では、猿《さる》を神様《かみさま》として祭《まつ》っておりました。

そして、毎年《まいとし》の祭《まつ》りの日《ひ》には、この神様《かみさま》に生贄《いけにえ》を供《そな》えるのが しきたりになっていました。

生贄《いけにえ》として差《さ》し出《だ》されるのは、一年前《いちねんまえ》の祭《まつ》りの日《ひ》、白羽《しらは》の矢《や》が立《た》った家《いえ》の、若《わか》くてきれいな娘《むすめ》です。

さて、この国《くに》に、十六《じゅうろく》、七《しち》の娘《むすめ》が住《す》んでおりました。親《おや》は、娘《むすめ》をたいそうかわいがって育《そだ》てていましたが、ある年《とし》の祭《まつ》りの日《ひ》、その娘《むすめ》に 白羽《しらは》の矢《や》が立《た》ったのです。

その日《ひ》からというもの、親《おや》も子《こ》も つらくてたまりませんでしたが、それが昔《むかし》からのしきたりなので、どうすることもできません。

親子《おやこ》は、残《のこ》りの日《ひ》にちを数《かぞ》えては、なげき悲《かな》しんでおりました。

ちょうどその頃《ころ》、この国《くに》に、東《ひがし》の国《くに》から、犬山《いぬやま》という男《おとこ》がやって来《き》ました。

犬山《いぬやま》は、たくさんの犬《いぬ》を飼《か》っており、山《やま》で猪《いのしし》や鹿《しか》を追《お》わせて猟《りょう》をすることを 仕事《しごと》にしていました。

なかなか勇敢《ゆうかん》で、怖《こわ》がることを知《し》らない男《おとこ》です。

この犬山《いぬやま》が、ふとしたことから、生贄《いけにえ》の話《はなし》を耳《みみ》にしました。

ある日《ひ》、犬山《いぬやま》が娘《むすめ》の家《いえ》へ行《い》き、縁側《えんがわ》に腰《こし》をかけていると、障子《しょうじ》の隙間《すきま》からその娘《むすめ》の様子《ようす》が見《み》えました。姿形《すがたかたち》がとても美《うつく》しく、こんな田舎《いなか》に住《す》んでいる娘《むすめ》とは思《おも》えないほど、品《ひん》のよい娘《むすめ》です。

その娘《むすめ》がふさぎ込《こ》んでいる様子《ようす》を見《み》て、犬山《いぬやま》は、とてもかわいそうに思《おも》いました。

親《おや》に会《あ》って話《はなし》を聞《き》くと、

「たった一人《ひとり》の娘《むすめ》に白羽《しらは》の矢《や》が立《た》ち、別《わか》れの日《ひ》が近《ちか》づいて来《く》るので、悲《かな》しくてなりません。前世《ぜんせ》にどのような罪《つみ》があって、このように情《なさ》けない目《め》にあうのでしょうか」

と、涙声《なみだごえ》で訴《うった》えます。


犬山《いぬやま》は、その話《はなし》を聞《き》いて言《い》いました。

「この世《よ》で命《いのち》ほど大切《たいせつ》なものはない。まして、親《おや》にとって子《こ》は宝《たから》。それなのに、たった一人《ひとり》の娘《むすめ》を、みすみす生贄《いけにえ》に差《さ》し出《だ》すなんて、じつに情《なさ》けない。

それなら、いっそのこと娘《むすめ》は死《し》んだものとして、わしにくれ。もし

もの時《とき》には、わしが 娘《むすめ》の身代《みが》わりになってやる」

不思議《ふしぎ》に思《おも》った親《おや》は、

「あなたに 何《なに》か よい 考《かんが》えがあるのですか」

と、尋《たず》ねました。

すると、犬山《いぬやま》は、

「今《いま》は詳《くわ》しいことは言《い》えないが、わしに よい 考《かんが》えがある。

わしが 家《いえ》にやってきたことは 誰《だれ》にも言《い》うな。

そして、近所《きんじょ》の者《もの》には、娘《むすめ》を生贄《いけにえ》に差《さ》し出《だ》すための御清《おきよ》めをするといって、家《いえ》に注連縄《しめなわ》を張《は》り巡《めぐ》らし、人《ひと》を近《ちか》づけるな」

と言《い》います。

親《おや》は、「娘《むすめ》さえ助《たす》かるのなら」と思《おも》って、犬山《いぬやま》の言《い》う通《とお》りにしました。
犬山《いぬやま》は、この娘《むすめ》と暮《く》らすうち、娘《むすめ》を いとおしく思《おも》うようになりました。

そこで、犬山《いぬやま》は、犬《いぬ》の中から、勇敢《ゆうかん》な二匹《にひき》を選《えら》び出《だ》し、山《やま》から猿《さる》を生《い》けどりにしてきては、こっそりと食《く》い殺《ころ》させる練習《れんしゅう》を始《はじ》めました。

やがて、犬《いぬ》は 猿《さる》さえ見《み》れば 夢中《むちゅう》になって飛《と》び掛《か》かり、食《く》い殺《ころ》すようになりました。

いっぽう、犬山《いぬやま》も刀《かたな》を研《と》ぎ澄《す》まして準備《じゅんび》をしておりました。

そんなある日《ひ》、犬山《いぬやま》が娘《むすめ》に言《い》いました。

「祭《まつ》りの日《ひ》には、わしが　お前の身代《みが》わりになってやる。死《し》ぬのはちっとも怖《こわ》くはないが、お前と別《わか》れるのが辛《つら》い」

その言葉《ことば》を聞《き》くと、娘《むすめ》は、どうしていいのか　分《わ》からなくなり、胸《むね》がいっぱいになりました。

とうとう、娘《むすめ》を　生贄《いけにえ》に差《さ》し出《だ》す日《ひ》がやって来《き》ました。

神主《かんぬし》をはじめ　多《おお》くの人《ひと》たちがやって来《き》て、

「この中《なか》に　娘《むすめ》を入《い》れなさい」

と、新《あたら》しい長櫃《ながびつ》を部屋《へや》に運《はこ》び込《こ》みます。

この時《とき》、犬山《いぬやま》は、娘《むすめ》と入《い》れ替《か》わって長櫃《ながびつ》に入《はい》り、二匹《にひき》の犬《いぬ》も左右《さゆう》の脇《わき》に入《い》れました。

そして、迎《むか》えの人《ひと》には、娘《むすめ》を中《なか》に入《い》れたように見《み》せかけたのです。

やがて、鉾《ほこ》・榊《さかき》・鈴《すず》・鏡《かがみ》を持《も》った者《もの》たちが長《なが》い行列《ぎょうれつ》を作《つく》って、長櫃《ながびつ》を運《はこ》んで行《い》きました。

後《あと》に残《のこ》った娘《むすめ》は、身代《みが》わりになった犬山《いぬやま》のことが　とても心配《しんぱい》でしたがどうすることもできません。

行列《ぎょうれつ》がお社《やしろ》につくと、神主《かんぬし》たちは、祝詞《のりと》を唱《とな》えて扉《とびら》を開《ひら》き、長櫃《ながびつ》をくった紐《ひも》を切《き》って、中《なか》に差《さ》し入《い》れました。そして、玉垣《たまがき》の扉《とびら》を閉《と》じると外《そと》に座《すわ》って待《ま》っていました。

犬山《いぬやま》が長櫃《ながびつ》の隙間《すきま》から外《そと》の様子《ようす》をのぞいて見《み》ると、そこには身《み》の丈《たけ》、二《に》メートルほどもある大猿《おおざる》が、仲間《なかま》の猿《さる》を引《ひ》き連《つ》れ、恐《おそ》ろしい顔《かお》をして座《すわ》っています。

その前《まえ》のまな板《いた》の上《うえ》には、大《おお》きな包丁《ほうちょう》まで置《お》いてあります。

身《み》の危険《きけん》を感《かん》じた犬山《いぬやま》は、急《いそ》いで長櫃《ながびつ》から飛《と》び出《だ》すと、横《よこ》にいる犬《いぬ》に

「食《く》いつけ」と、けしかけました。
すると、一匹《いっぴき》は足《あし》に食《く》いつき、もう一匹《いっぴき》は胸元《むなもと》に飛《と》びかかって大猿《おおざる》を倒《たお》します。
犬山《いぬやま》は、ここぞとばかりに刀《かたな》を抜《ぬ》き、その大猿《おおざる》をまな板《いた》の上《うえ》に押《お》しつけ、刀《かたな》を首《くび》に突《つ》きつけました。
そして、

「お前《まえ》が娘《むすめ》を殺《ころ》して食《く》う時《とき》は、こうするんだな。首《くび》をたたき切《き》って、犬《いぬ》の餌《えさ》にしてやる」

と、大声《おおごえ》で叫《さけ》びました。

大猿《おおざる》は、顔《かお》を青《あお》くして涙《なみだ》を流《なが》しながら命《いのち》ごいをしますが、犬山《いぬやま》は、耳《みみ》を貸《か》しません。

「お前《まえ》が、長《なが》い間《あいだ》、多《おお》くの娘《むすめ》を食《く》った代《か》わりに、たった今《いま》、殺《ころ》してやる。お前《まえ》が、もし、本当《ほんとう》の神《かみ》なら、わしを 殺《ころ》してみろ」

と、いきりたっています。

二匹《にひき》の犬《いぬ》も、多《おお》くの猿《さる》を食《く》い殺《ころ》しました。

やっと生《い》き残《のこ》った猿《さる》たちは、命《いのち》からがら木《き》の上《うえ》に逃《に》げたり、山奥《やまおく》に逃《に》げて、隠《かく》れてしまいました。

そのうち、大猿《おおざる》は一人《ひとり》の神主《かんぬし》に乗《の》り移《うつ》り、

「わしは、今日《きょう》から、生贄《いけにえ》は取《と》らない。それに、お前《まえ》たちにも、けっし

て仕返《しかえ》しはしない」

と、約束《やくそく》をしました。

それを聞《き》きつけた 他《ほか》の神主《かんぬし》たちも お社《やしろ》の中《なか》に入《はい》って来《き》て、

「神様《かみさま》が このようにおっしゃるのだから、許《ゆる》してあげなさい」

と、犬山《いぬやま》に取《と》りなしますが、犬山《いぬやま》は、許《ゆる》そうとはしません。

そこで、神主《かんぬし》が、大猿《おおざる》の乗《の》り移《うつ》った神主《かんぬし》に 心《こころ》を込《こ》めて祝詞《のりと》をささげると、

「二度《にど》と、こんなことは、しませんから許《ゆる》してください」

と、詫《わ》びを入《い》れました。

すると、犬山《いぬやま》は、

「それなら、許《ゆる》してやろう」

と言《い》って、大猿《おおざる》を山《やま》へ逃《に》がしてやりました。

犬山《いぬやま》が家《いえ》へ帰《かえ》ると、心配《しんぱい》していた娘《むすめ》と親《おや》は、たいそう喜《よろこ》びました。

そして、犬山《いぬやま》は、この娘《むすめ》とめでたく結婚《けっこん》し、いつまでも幸《しあわ》せに暮《く》らしました。

この後《あと》、中山《なかやま》では、猿神様《さるがみさま》に生贄《いけにえ》を差《さ》し出《だ》すこともなくなり、平和《へいわ》な日々《ひび》が戻《もど》って来《き》ました。

猿神退治《さるがみたいじ》

（作州弁《さくしゅうべん》）

むかぁーし　むかし　美作《みまさか》のなぁー　中山《なかやま》じゃー　猿を《さるぅー》　神《かみ》さんとして祭《まつ》っとったんじゃそおーなぁ。

せぇーで　毎年《まいとし》　祭《まつ》りの日には《ひにゃー》　この神《かみ》さんに　生贄を《いけにょー》　供《そな》えるんが　しきたりぃー　なっとったんじゃてぇ。

その生贄を《いけにょー》　差《さ》し出《だ》すなぁー　一年前《いちねんまえ》の祭《まつ》りの日に《ひぃ》　白羽《しらは》の矢《や》が立《た》った家《いえ》の　若く《わこぉー》て　きれぇーな娘《むすめ》と　決《き》まっとったんじゃ。

ところでなぁー　この国に《くにぃー》　親《おや》が　でぇーれぇーかわいがって育ちょーったぁ　十六《じゅうろく》、七《しち》の娘《むすめ》が住《す》んどったんじゃそおーなぁ。

じゃーけど　ある年《とし》の祭《まつ》りの日に《ひぃ》　その娘に《むすめぇー》白羽《しらは》の矢《や》が立《た》ってしもぉーたんじゃ。

その日《ひ》からいぅーもなぁー　親《おや》も子《こぉ》も　つろぉーて　つろぉーて　いけなんだんじゃけどぉ　せぇーが　昔《むかし》からのしきたりじゃけん　どねぇーすることも　できなんだんじゃてぇ。

親子《おやかぁー》は　残《のこ》りの　日《ひゅー》を　数《かぞ》えちゃー　ぼっこぉー　つらがるばぁーしょーたんじゃそぉーなぁ。

ちょうどその頃《ころ》なぁ　この国《くにぃ》に　東《ひがし》の国《くに》からきた　犬山《いぬやま》ちゅー　男《おとこ》がおったんじゃ。

この男《おとかぁー》は　ぎょーさんの　犬《いぬぅー》を　飼《こぉー》うとってなぁー　山《やま》で　猪《いのしし》や鹿《しかぁー》を追《お》い回《まわ》しちゃー　猟《りょー》を　することぉー　仕事《しごと》にしょったんじゃ。

せぇーじゃーけん でぇらい ごっぅーて きょーてぇー いぅーことを 知《し》らん 男《おとこ》じゃったんじゃ。

その犬山《いぬやま》がなぁー ひょんなことから 生贄《いけにえ》の話《はなしゅー》を 聞《き》いたんじゃてぇ。

ある日《ひ》なぁー 犬山《いぬやま》が 娘《むすめ》の家《いえー》へ 行《い》って 縁《えん》に腰《こしゅー》を かけとったら障子《しょうじ》の間《あいだ》から 娘《むすめ》の様子《ようす》が 見《み》えたんじゃそおーなぁ。

その娘《むすみやー》は 田舎《いなか》もんたぁー 思《おも》えんほど べっぴんでなぁー 品《ひん》のえー娘《むすめ》じゃったんじゃ。

その娘《むすめ》が ふせぇーどるのを見《み》て 犬山《いぬやまぁー》は ぼっこおー かわいそおー

に　思《おもぉー》うたそぉーなぁ。

親《おや》に会《おー》うて　話《はなしゅー》を　聞《き》くと、

「たった一人の娘《むすめぇー》に　白羽《しらは》の矢《や》が立《た》ってしもぉーて　別《わか》れの日《ひ》が近《ちこぉー》うなって来《く》るけん　つろぉーて　つろぉーて　かなわんのんじゃ」

と、泣《な》きながら話《はな》したんじゃてぇ。

犬山《いぬやまぁー》は　その話《はなしゅー》を　聞いて、

「この世《よ》で　命《いのち》ほど大事《だいじ》なもなぁーない。　せぇーに　親《おや》にとって子《こ》は宝《たから》じゃ。　せぇーなのに　たった一人《ひとり》の娘《むすみょー》を　みすみす生贄《いけにえー》へ　差《さ》し出《だ》すいう《いぅー》て　そりゃぁー　情《なさ》けないことじゃ。　せぇーなら　いっそのこと　娘《むすみゃー》は　死《し》んだもんとして　わしに　くれぇ。　もしもん時《ときゃー》は　わしが娘《むすめ》の身《み》代《が》わりぃ

ー なっちゃろう」
と 言《いうー》うたそぉーな。

ひょんなげな事《こと》を 言《いうー》うなぁー 思《おもおー》うた 親《おやぁー》は、

「あんたに 何《なん》ぞ えー 考《かんげえー》えが あるんかいなぁ」

と、 尋《たず》ねたんじゃ。

そうしたら 犬山《いぬやまぁー》は、

「今《いまぁー》は 細《こまけえー》かいこたぁー 言《い》えんけど 娘《むすみょー》を くれるんなら わしに えー 考《かんげえー》えがある」

言《いうー》うたんじゃ。

その 時《ときぃー》 犬山《いぬやまぁー》は、

「わしが家《いえー》へ 来《き》たこたぁー 誰《だぁーれ》にも言《いうー》うな。 せぇーから 娘《むすめ》の

お清めを《おきよみょー》するいぅーて　注連縄を《しめなわぁー》　張《は》り巡《めぐ》らし　家へ《いえー》　人《ひと》を近《ちか》づけんように
しんさい」
言う《いぅー》たそぉーなぁ。
せぇーで　親は《おやぁー》、
「娘《むすめ》さえ助《たす》かるんなら」
思う《おもおー》て　犬山《いぬやま》の言う《いぅー》　通り《とおー》にしたんじゃてぇ。

ところが　犬山は《いぬやまぁー》　この娘《むすめ》と一緒《いっしょ》に暮《く》らしょーるうちぃー　娘を《むすみょー》　気《き》に入《い》ってしもおーたんじゃ。
せぇーで　犬《いぬ》ん中《なか》から　ごっついのを二匹《にひき》　選《えら》び出《だ》すと　山《やま》から　こっそり　猿を《さるぅー》　生《い》けどりにしてきちゃー　食《く》いつく練習《れんしゅー》を　させたんじゃてぇ。
そねぇーしょーるうちぃー　犬は《いぬぁー》　猿《さる》さえ見《み》りぁー　夢中《むちゅう》になって　食《く》い

つくよぉーに なったんじゃそぉーなぁ。
せぇーになぁー 犬山《いぬやま》も 刀を《かたなぁー》 研《と》いで 準備を《じんびゅー》しょーったんじゃ。
そねぇーな ある日《ひ》 犬山は《いぬやまぁー》 娘に《むすめぇー》 言う《いぅー》たそぉーなぁ。
「祭《まつ》りの日には《ひにゃー》 わしが お前《おめぇー》の 身代《みが》わりぃー なっちゃる。死《し》ぬなぁー ちぃとも きょーとぉーねぇーけど お前《おめぇー》と別《わか》れるんが つろぉーてならん」
その言葉を《ことばぁー》 聞くと 娘は《むすみやー》 どねぇーしてえーんか 分《わ》からんよぉーなってしもぉーて でぇーれぇー つらい気持《きもち》ちがしたんじゃやてぇ。
そぉーしょーるうちぃー とうとう 娘を《むすみょー》 生贄へ《いけにえー》 差《さ》し出《だ》す日《ひ》が 来《き》てしもうたそぉーなぁ。

神主《かんぬしゅー》を　はじめ　ぎょーさんの人《ひと》がやってきてなぁ、
「娘《むすみょー》を　こん中《なけぇー》へ　入《い》れんさい」
言《いぅー》うて　新《あたら》しい長櫃《ながびつぅー》を　部屋《へや》に運《はこ》び込《こ》んだんじゃ。
この時《ときぃー》に　犬山《いぬやまぁー》は　すばよう娘《むすめ》と入《い》れ替《か》わって　長櫃《ながびつぃー》に　入り《へぇーり》　二匹《にひき》の犬《いぬぅー》を　左右《さゆう》の脇《わきぃー》へ　入《い》れたんじゃ。
せぇーで　迎《むか》えの人《ひと》にゃー　娘《むすみょー》を　中《なけぇー》へ　入《い》れたよぉーに　見《み》せかけたんじゃそぉーなぁ。
そねぇーして　榊《さかき》や鏡《かがみゅー》を　持《も》った者《もん》らぁーが　長《なが》い行列《ぎょうれつぅー》を　作《つく》って　長櫃《ながびつぅー》を　運《はこ》んで行《い》ったんじやてぇ。
後《あてぇー》へ　残《のこ》った　娘《むすみゃー》は　身代《みが》わりぃー　なった犬山《いぬやま》のことが　でぇーれぇー

心配《しんぱい》じゃたんじゃけど どねぇーすることも できなんだんじゃ。

行列《ぎょうれつ》がお社《やしろ》へ着《つ》いたら 神主《かんぬしぁー》は 祝詞《のりと》をあげて 長櫃《ながびつぅー》を 中《なけぇー》へ 入《い》れた

そおーなぁ。

せぇーで 自分《じぶん》らぁー お社《やしろ》の戸《と》を閉《し》めて 外《そてぇー》へ 座《すわ》って 待《ま》ちょーたん

じゃてぇ。

いっぽう 長櫃《ながびつぃー》へ 入《へぇー》った犬山《いぬやま》が 外《そと》の

様子《ようすぅー》を のぞい《のぜぇー》て見《み》ると そこにゃー 二《に》メ

ートルぐれぇーもある大猿《おおざる》が でぇーれぇ

ー きょーてぇー 顔《かお》して 座《すわ》っとるんじゃ

そおーなぁ。

せぇーに 側には《そばにゃー》 手下《てした》の猿《さる》も ぎょうさん並《なら》んどって 前《まえ》のまな板《いた》の上には《うえにゃー》 大《おお》きな包丁《ほうちょう》まで 用意《よおーい》してある。

「こりゃーいけん」思う《おもぉー》た犬山は《いぬやまぁー》、急い《いせぇー》で長櫃《ながびつ》から飛《と》び出《だ》すと 連《つ》れて来《き》た犬へ《いぬぃー》、

「食《く》いつけぇー」

と、けしかけたんじゃ。

そおーしたら 一匹は《いっぴきゃー》 足へ《あしぃー》 食《く》いつき もう一匹は《いっぴきゃー》 胸へ《むねぇー》 飛《と》びかかって大猿を《おおざるぅー》 倒《たお》したそぉーなぁ。

犬山は《いぬやまぁー》「今《いま》じゃ」思う《おもぉー》て 刀を《かたなぁー》 抜《ぬ》いて その大猿を《おおざるぅー》 まな板《いた》の上へ《うぇー》 押《お》しつけたんじゃ。

せぇーで、

「お前《おめぇー》が 娘《むすみょー》を殺《ころ》して食《く》う時は《ときゃー》 こねぇーするんじゃなぁ。 首を《くびゅー》 切《き》って 犬《いぬ》の餌《えせぇー》にしちゃる」

言う《いぅー》て 叫《さけ》んだ そぉーなぁ。

大猿は《おおざらぁー》 顔《かお》を青《あぉー》くして 助《たす》けてくれぇー
言う《いぅー》たんじゃけど 犬山は《いぬやまぁー》 聞き《ききゃー》はせん。

「今《いま》まで ぎょうさんことぉー 娘《むすみょー》を 食《く》うた代わりに《かわりぃー》 たった今《いま》 殺《ころ》しちゃる。 お前《おめぇー》が ほんまに神《かみ》さんじゃ言う《いぅー》んなら わしゅー 殺《ころ》してみい」

と、いきりたっとる。

せぇーに 二匹《にひき》の犬《いぬ》も、ぎょーさんの猿《さるぅー》を食《く》い殺《ころ》して、やっと生《い》き残《のこ》った猿《さらぁー》は、命《いのち》からがら木《き》の上《うぇー》に 逃《に》げたり、山奥《やまおくぃー》に 逃《に》げて、隠《かく》れてししもぉーたんじゃ。

せぇーじゃけん 逃《に》げれんよぉーなってしもぉーた大猿《おおざらぁー》は、神主《かんぬしぃー》に 乗《の》り移《うつ》って、

「わしゃー 今日《きょう》から生贄《いけにゃー》は 取《と》らんし お前《おめぇー》らぁーにも 絶対《ぜってぇー》に 仕返《しかえしゃー》は すりゃーせん」

と、約束《やくそく》したそぉーなぁ。

そねぇーしよーったら 他《ほか》の神主《かんぬし》らぁーもお社《やしろ》の 中《なけぇー》へ 入《へぇー》って来《き》て、

「神《かみ》さんが こねぇー言《いぅー》うとるんじゃけん 許《ゆる》

しちゃりんさい」

と、間《あゆうー》を　取《と》るんじゃけど　犬山《いぬやまぁー》は　許《ゆる》しゃーせん。

　せぇーでも思《おもおー》うた神主《かんぬし》が　心《こころ》を込《こ》めて　もう一度《いちど》　祝詞《のりと》をあげると
大猿《おおざらぁー》は、

「二度《にど》と　こねぇーなこたぁー　すりゃーせんけん　許《ゆる》してつかぁーさい」

言《いぅー》うて　詫《わびゅー》びをしたそぉーなぁ。

　犬山《いぬやまぁー》は、

「せぇーなら　許《ゆる》しちゃろぉー」

言《いぅー》うて　大猿《おおざるぅー》を　山《やめぇー》へ　逃《に》がしてやったんじゃてぇ。

　犬山《いぬやま》が家《いえー》へ　帰《けえー》ったら　心配《しんぱい》しょーった　娘《むすめ》と親《おやぁー》は　でぇーれぇー　喜《よろこ》

んでなぁー、犬山《いぬやまぁー》は、この娘《むすめ》と結婚《けっこん》して いつまでも 幸《しあわ》せに暮《く》らしたそぉーなぁ。

　せぇーから後《のちゃー》は 猿神《さるがみ》さんに 生贄《いけにょー》を 差《さ》し出《だ》すことも のぉーなって中山《なかやま》に 平和《へいわ》な日《ひ》が戻《もど》って来《き》たんじゃ。

Sarugami Taiji

Long, long ago, the people of Nakayama, Mimasaka, thought that a giant ape that lived nearby was a god, Sarugami. Every year the village people gave Sarugami a present of a young unmarried woman to eat. This happened at the annual festival. The young woman to be given to Sarugami was chosen at the festival the year before. She had to be young and beautiful.

At that time there was a 16-year-old girl living in Mimasaka. Her parents loved her very much. At the festival, a white arrow was fired into the roof of the family's house. This meant that the young girl would be eaten by the ape the next year. Everyday

the young girl and her parents cried and counted the days before she would be killed.

The family could do nothing to help their daughter because they believed that the giant ape was a god and, therefore, very special.

At this time a man called Inuyama, from Togoku in Eastern Japan, was in Mimasaka. He was a hunter and had many dogs. The dogs helped him hunt boar and deer. He was a brave man and was never afraid. The people in Mimasaka told him about the young girl who was to be eaten by the ape at the next festival. Inuyama wanted to help the girl.

He went to her family's home. When he arrived at the house he looked through the shoji paper door and could see the young girl. He had never seen such a beautiful girl. Inuyama felt sorry for the girl because she looked so upset. He wanted to help her so

he talked with her parents. The girl's parents said "Our only daughter will be killed soon so we're very sad!" Inuyama then spoke to them, "I understand children are very precious to their parents and nothing is more important than their safety. It will be terrible for the ape to kill your daughter. I would like to help you."

The parents did not believe Inuyama. They asked him if he had any ideas on how to help their daughter. Inuyama said "I think I have a good idea but I can't tell you about it now. Please don't tell anyone that I came to your house today. For now, put shimenawa, the Shinto rope, around your house and tell people you are preparing your daughter for the festival." The parents did what they were told to do, and they prayed that their daughter would live.

Inuyama lived in secret with the family. He liked the daughter more each day. Everyday Inuyama traveled into the mountains and caught monkeys. He trained

his dogs to kill the monkeys by biting them.

One day he said to the girl, "I have an idea. At the festival, I will swap places with you. I am not afraid to die but I will be very sad to say goodbye to you." The girl felt very sad but did not know what to do.

On the day of the festival the Shinto priests and many village people went to the girl's house carrying a large box. They said, "Put the girl into this box." Without being seen, Inuyama quickly jumped into the box with his two dogs and a sword and closed the lid. Then the priests and the village people made a long line and carried the box away. They believed that the girl was in the box but really she was left behind at the house. She was very worried about Inuyama.

When the people arrived at the shrine, the priests said a Shinto prayer. They

opened the door of the shrine and put the box inside. Inuyama looked through a hole in the box and saw the giant ape, Sarugami, with many monkeys around him. Sarugami was about two meters tall. In front of the ape was a chopping board and a big knife.

Inuyama jumped out of the box and told his dogs to kill the giant ape. One dog bit him on the leg and the other jumped at his chest. They knocked Sarugami down. Inuyama quickly grabbed his sword and pushed the ape onto the chopping board. He shouted, "When you kill and eat young women, you do it like this, don't you? I'm going to cut off your head and feed my dogs."

The giant ape was very scared and begged Inuyama not to kill him. Inuyama didn't listen to the ape. He was very angry. He said, "Because you ate young girls for

many years, I'll kill you right now!"

Then Sarugami possessed the body of a priest and said to Inuyama, "I promise I will never eat a young girl again." The other priests came into the shrine and told Inuyama to forgive the giant ape but Inuyama did not want to. Sarugami once more promised never to kill and eat young girls again. Finally, Inuyama forgave Sarugami and let the ape go. It ran back into the mountains.

The young girl and her parents were waiting for Inuyama at home. They were very worried about him. When they saw Inuyama come back safely, they were overjoyed. Inuyama and the girl were soon married and lived happily together.

From that time, young women were never eaten by Sarugami again and Mimasaka was a peaceful area at last.

The End

This story was taken from ***Konjaku-monogatari***, a collection of old Japanese folk tales of the 12th century.

It was translated into English by ***Junko Hanadani*** and revised by ***Peter & Karen Bond***.

おわりに

この「絵本《えほん》」は、たくさんの人《ひと》の協力《きょうりょく》で出来上《できあ》がりました。

一宮公民館《いちのみやこうみんかん》が呼《よ》びかけた「朗読講座《ろうどくこうざ》の会《かい》」に集《あつ》まり、「おはなし」を練《ね》り上《あ》げて下《くだ》さった会員《かいいん》の方々《かたがた》。

英訳《えいやく》や、それに協力《きょうりょく》してアドバイスをして下《くだ》さった方々《かたがた》。

楽《たの》しい挿絵《さしえ》を描《か》いて下《くだ》さった方《かた》。

印刷《いんさつ》や製本《せいほん》をして下《くだ》さった方々《かたがた》。

どの一《ひと》つが欠《か》けても、「おはなし」の輪《わ》が、とぎれてしまいます。

この「おはなし」の始まりは、平安時代《へいあんじだい》に私《わたし》たちの祖先《そせん》が語《かた》り伝《つた》えた「民話《みんわ》」にあります。その「おはなし」の輪《わ》を繋《つな》げていくのが、私《わたし》たちの役目《やくめ》です。

謝辞

この『一宮のおはなし』に取り上げた『猿神退治』の出典は、『今昔物語』の中の「美作国神依猟師謀止生贄語」にあります。

その「おはなし」を、一宮公民館の「親子と祖父母で楽しむ朗読講座」に集まった参加者が、朗読素材として取り上げ、地域の「お年寄りや子どもたち」が楽しみながら読めるような現代語訳に練り上げ、『猿神退治』と名付けて刊行しました。

その活動がきっかけとなり、『猿神退治（作州弁）』『中山神社伝説』『猿神退治（英語）』などの小冊子が、次々に刊行されました。

しかし、そのような小冊子のままでは、忘れ去られたり、散逸の恐れが出てきたため、「親子と祖父母で楽しむ朗読講座」の講師を担当した「横川」が、これらの小冊子を一冊にまとめて刊行することを思い立ち、今回、元の小冊子に大幅な加筆・修正を行って、出来上がったのが、この『美作の国　一宮のおはなし』です。

この誌面お借りし、「親子と祖父母で楽しむ朗読講座」の参加の皆様に、お礼を申し上げます。

また、本書の出版に際しては、「福武文化振興財団」及び、「美作大学地域生活科学研究所」から多大な助成を受けましたことを記し、改めてお礼を申し上げます。

■編著者紹介

横川　知之（よこがわ　ともゆき）

1952（昭和27）年岡山県生まれ
埼玉大学教育学部卒業
岡山大学大学院修士課程修了
高等学校教諭、中学校教諭を経て、

現　　在　美作大学助教授

専門研究　俳句の素材研究

著　　書　『ダメな時には諦めろ』近代文芸社
　　　　　『「中学校」を読む』大学教育出版

美作の国
一宮のおはなし

2006年 10月16日　初版第１刷発行

■編 著 者――横川　知之
■発 行 者――佐藤　守
■発 行 所――株式会社**大学教育出版**
　　　　　　〒700-0953　岡山市西市855-4
　　　　　　電話（086）244-1268㈹　FAX（086）246-0294
■印刷製本――モリモト印刷㈱
■装　　丁――ティーボーンデザイン事務所

ISBN4－88730－719－5